# Security by Design. Security Engineering informationstechnischer Systeme

## Sicherheitsschulden der Softwareentwicklung

Lennart Loose

**Bibliografische Information der Deutschen Nationalbibliothek:**

Die Deutsche Nationalbibliothek verzeichnet diese Publikation in der Deutschen Nationalbibliografie; detaillierte bibliografische Daten sind im Internet über http://dnb.d-nb.de abrufbar.

ISBN: 9783346707949
Dieses Buch ist auch als E-Book erhältlich.

# Seminar Software Engineering

Im Studiengang Informatik (B.Sc.) der IU Internationale Hochschule

## Security by Design – Security Engineering informationstechnischer Systeme

Vorgelegt von:        Lennart Vincent Loose

Durchführungszeitraum:      Sommersemester 2022

Inhalt

I.     Abbildungsverzeichnis ................................................................. II

II.    Abkürzungsverzeichnis ................................................................. II

**1.     Einleitung** .................................................................................... **1**

**2.     Sicherheitsschulden** .................................................................. **1**

2.1    Definition der Sicherheitsschuld ...................................................... 1

2.2    Entstehung von Sicherheitsschulden................................................ 2

2.3    Verifikation und Validierung............................................................. 3

2.3.1   Verifikation: Definition und Durchführung ........................................ 3

2.3.2   Validierung Definition und Durchführung .......................................... 6

2.4    Common Criteria ISO/IEC 15408 .................................................... 7

**3.     Zusammenfassung**..................................................................... **9**

III.   Literaturverzeichnis ..................................................................... IV

IV.   Anhang ........................................................................................ V

# I.  Abbildungsverzeichnis

Abbildung 1: Quellen von Sicherheitsschulden (Lunkeit und Zimmer 2021: S.306) .................... V

# II.  Abkürzungsverzeichnis

| | |
|---|---|
| BSI | Bundesamt für Sicherheit in der Informationstechnik |
| CC | Common Criteria |
| CCMB | Common Criteria Management Board |
| EAL | Evaluation Assurance Level |
| HGB | Handelsgesetzbuch |
| ISO/IEC | Internationale Organisation für Normung/International Electrotechnical Commission |
| IU | International University |
| PP | Protection Profile |
| ST | Security Target |
| ToE | Target of Evaluation |
| UML | Unified Modeling Language |

# 1. Einleitung

Nacharbeiten an Software gehören zum alltäglichen Umgang mit sowie zum Entwicklungsprozess von informationstechnischen Systemen und erfolgen in Form von Anpassungen, Updates, Wartung oder Refactoring (Lunkeit und Zimmer 2021: S.305). Wie in vorherigen Modulen gezeigt wird, kann bereits im Rahmen des Requirements Engineering, der Spezifikation sowie der Architekturerstellung die frühzeitige Erkennung und Behebung von Fehlern deren Manifestation und nachfolgend kostenintensive Nacharbeiten früh verhindert werden. Dieses Vorgehen wird beispielsweise in den Prinzipien der Software-Qualitätssicherung adressiert (IU 2021a: S.15). Zur Entwicklung von Software gehört ebenfalls das Verständnis, dass die Fehlerfreiheit und Perfektion zwar angestrebt, aber selten erreicht werden kann. Dies gelte folglich auch für die Sicherheit: um die Korrektheit diesbezüglich zu verbessern, erfolge eine Sicherheitsbewertung auf Basis der Verifikation sowie der Validierung der sicherheitsrelevanten Anforderungen. (Lunkeit und Zimmer 2021: S.305 f.) Die Entwicklung funktionsfähiger Software finde sich demnach in einem Spannungsfeld zwischen Leistungsdruck und kostenintensiven Nacharbeiten wieder. Cunningham (1992) umschreibt darauf aufbauend die Auswirkungen einer Softwareentwicklung, die kurzfristige Kundeninteressen oder Beschränkungen wie Lieferfristen gegenüber einer sorgfältigen Implementierung priorisiert, als „Schulden". Diese seien zunächst förderlich für die Entwicklung eines Objektes, solange sie zeitnah nach der Fertigstellung durch Anpassungen beglichen würden. Ein Aufschieben der Schulden, also das Belassen des fehlerhaften Codes, würde jedoch zu Zinszahlungen („interest") führen, die abhängig von der Schuldenhöhe die Organisation zum Erliegen bringen könnten. (Cunningham 1992: S.30). Abgeleitet aus dem Begriff der technischen Schuld und im Rahmen des Themenfelds „Security by Design" von besonderem Interesse, ist die sogenannte Sicherheitsschuld, die beschreibt, wie Designentscheidungen ein technisches Umfeld schaffen, das nicht in der Lage ist, Bedrohungen angemessen zu begegnen. Thema der vorliegenden Arbeit ist es, den Zusammenhang herzustellen zwischen technischer beziehungsweise Sicherheitsschuld und den Prozessen der Validierung und Verifikation. Dazu wird im Folgenden dargestellt, welche Einflüsse im Zuge der Softwareentwicklung Sicherheitsschulden bedingen und wie diesen mit der Verifikation und Validierung begegnet werden kann. Weiterhin werden die Common Criteria des ISO/IEC Standards 15408 vorgestellt und deren Einfluss auf den Zusammenhang analysiert.

## 2. Sicherheitsschulden

## 2.1 Definition der Sicherheitsschuld

Die Begriffe der technischen sowie der Sicherheitsschulden wurden bereits eingeführt, wobei sie wesentliche Eigenschaften teilen: zum einen liegt ihnen das Prinzip der Eventualverbindlichkeit zu Grunde. Dieser Begriff, den Lunkeit und Zimmer (2021) zur Beschreibung der Wahrscheinlichkeit einer Zahlungspflicht verwenden, ist dem Handelsgesetzbuch (HGB §251) entlehnt (Bundesminis-terium der Justiz 2022). Er bedeutet, dass für ein zunächst abstraktes Risiko eine Bürgschaft einge-gangen wird und das Eintreten eines Ereignisses nicht entscheidbar ist (Lunkeit und Zimmer 2021: S.305). Zum anderen würden sowohl Sicherheits- als auch technische Schulden zeitweise nur be-dingt wahrgenommen. Für Endbenutzer seien sie sogar weitgehend transparent. Im Einzelnen wür-den sich technische Schulden in erschwerter Wartung und Weiterentwicklung von Software äußern, die die Möglichkeiten zur Portierbarkeit und Interoperabilität einschränkten oder die Kosten dafür wesentlich erhöhten. Sicherheitsschulden hingegen bedingten einen instabilen Betrieb der Software und würden sich beispielsweise in erfolgreich ausgeführten Angriffen auf das System widerspiegeln. (Lunkeit und Zimmer 2021: S.306) Eine ergänzende Beschreibung wurde von Huopio (2020) gefun-den: die Sicherheitsschuld sei demnach die Menge an Arbeit, die unvollständig erledigt wurde, um andererseits kurzfristige Entwicklungsfortschritte zu ermöglichen. Sie finde sich vor Allem in Indust-riezweigen, bei denen Systeme eine lange Lebensdauer vorweisen und neue Funktionen in der Mitte des Lebenszyklus entwickelt würden: Luft- und Seefahrt, Energiewirtschaft sowie Militärwesen. Wie bei Lunkeit und Zimmer (2021) wurde auch bei Huopio (2020) gefunden, dass alle Softwareentwick-lungsprojekte in gewissem Umfang Sicherheitsschulden anhäufen. Erhöhe sich dieser Umfang je-doch auf eine unkontrollierbare Menge, werde Code produziert, der schwer zu warten sei und sich in ungeeigneter Architektur manifestiere. (Huopio 2020: S.169, 170)

## 2.2 Entstehung von Sicherheitsschulden

Die Ursache für die Entstehung der Sicherheitsschulden ließe sich dabei nicht allein auf eine man-gelnde Qualität des Codes reduzieren. Vielmehr sind es mehrere Quellen, die nach Lunkeit und Zimmer (2021) folgenden vier Bereichen zugeordnet werden, die in Abbildung 1 dargestellt sind: Geschäftsumfeld, Systemkontext, Projekt- und Produktmanagement sowie Entwicklung (ebenda: S.306). Zum Geschäftsumfeld gehört ein Aspekt des eingangs beschriebenen Spannungsfeldes der Softwareentwicklung: die Ressourcen Zeit und Kosten. Deren Forcierung erfolge beispielsweise aus der Absicht eines zeitnahen Markteintritts, um den Endbenutzern weitere Funktionalitäten anbieten zu können. Dabei werde jedoch das Bewusstsein für die Sicherheit des Produkts im Sinne des eng-lischen Begriffes „safety", also der „Sicherheit gegen Einwirkungen" (IU 2021b: S.24) zu Gunsten anderer Bedürfnisse vernachlässigt. Im Bereich des Geschäftsumfeldes führen außerdem wech-selnde Anforderungen, falsch eingeschätzte Kundenerwartungen sowie eine unterschätzte Bedeu-tung von Architekturentscheidungen zu einem ungünstigen Systemdesign. Dies könne die Entste-hung von Sicherheitsschulden begünstigen. (Lunkeit und Zimmer 2021: S.306) Die zweite Quelle wird als Änderung des Systemkontextes zusammengefasst. So verlören getroffene Systementschei-dungen im Zuge von Kontextänderungen an Bedeutung und müssen neu vorgenommen werden; beispielsweise durch das Cloud-Computing, das die Sicherheitslage maßgeblich verändere. Ähnlich gestalte sich auch die Anpassung an die technologischen Veränderungen, die neue Bedrohungen verursachen, denen begegnet werden sollte. Schließlich unterliege eine Software auch einem Alte-

rungsprozess, sodass Sicherheitsschulden durch ein Versäumnis von Aktualisierungen, beispielsweise von Betriebssystemen, entstehen können. Als dritte Quelle wird das Projektmanagement an-
geführt, in dessen Rahmen es vor Allem durch mangelndes Sicherheitsbewusstsein zur Anhäufung
von Sicherheitsschulden komme. Innerhalb eines Teams sei die Ursache in der Kommunikation un-
tereinander zu finden sowie im Zeitmangel, wechselnden Prioritäten, aber auch in unzureichendem
Wissen. Blieben Aufgaben, wie die Spezifikation und Verifikation von sicherheitsbezogenen Anforderungen durch wechselnde Priorisierung oder Mangel an Ressourcen unerledigt, führe dies ebenfalls zu einer wesentlichen Quelle von Sicherheitsschulden. Im Rahmen von Audits und Tests werden durch unzureichend automatisierte Testverfahren Ressourcen gebunden und in der Folge zu
wenig getestet. Dadurch würden Sicherheitslücken im Code gegebenenfalls nicht gefunden und
auch in nachfolgende Versionen übernommen. Besonders kritisch sei die unzureichende Testauto-
matisierung, wenn in den Folgeversionen neue Funktionen hinzugefügt werden. Diese können vor-
handenen Code beeinflussen und dessen Sicherheit verringern. Weiterhin würde durch die Entwicklerteams bevorzugt die neue Funktionalität getestet, wodurch Sicherheitsschulden in bestehenden
Funktionen unter Umständen unentdeckt blieben. (Lunkeit und Zimmer 2021: S.308) Die vierte
Quelle stelle die Entwicklung dar, im Zuge derer es zu Mängeln im Bereich der Anforderungserhe-
bung sowie -definition komme und Bedrohungen nicht ausreichend analysiert würden. Weiterhin
könnten fehlerhafte Implementierungen, ein ungeeignetes Design sowie eine unzureichende Doku-
mentation der Entscheidungen Sicherheitsschulden hervorbringen. Besonders im Bereich der An-
forderungsanalyse komme es zu Konflikten: durch fehlende Ressourcen könnten Sicherheitsprob-
leme nicht identifiziert und in der Folge auch nicht durch entsprechende Anforderungsformulierun-
gen adressiert werden. Dies gelte ebenfalls für die Bedrohungen und Risiken, deren unzureichende
Analyse es nicht ermögliche, entsprechende Gegenmaßnahmen zu definieren.

## 2.3    Verifikation und Validierung

Nachdem der Begriff und die Ursachen der Sicherheitsschulden dargestellt wurden, soll im Folgenden aufgezeigt werden, wie diese möglichst verhindert werden können. Dazu werden die Prozesse
der Verifikation und der Validierung herangezogen.

### 2.3.1    Verifikation: Definition und Durchführung

Die Verifikation verfolge demnach das Ziel, nachzuweisen, dass ein System die Eigenschaften aufweist, die in der Spezifikation dokumentiert sind. Lunkeit und Zimmer (2021) verwenden die Frage,
ob das „Richtige auch richtig getan wurde" (S.327), das Produkt beziehungsweise das Design die
vorab definierten Eigenschaften also vorweisen könne. Auch Boehm (1979) beschreibt die Verifikation als Überprüfung, ob ein Softwareprodukt seinen zuvor definierten Eigenschaften entspreche,
anhand der Frage: „Erstelle ich das Produkt richtig?" (Boehm 1979 zitiert nach Ludewig und Lichter
2013: S.277) Wie in Kapitel 1 beschrieben, erfolgt die Fehlererkennung und -behebung bestenfalls
zu Beginn der Entwicklung, sodass diese sich nicht in nachfolgenden Aktivitäten fortsetzen. Aufbau-

end auf dem Ermitteln, Prüfen und Abstimmen von Anforderungen durch das Requirements Engineering, kann auf Basis der Spezifikation formuliert werden, welche Eigenschaften ein System haben soll. Sie stelle daher die Grundlage der Aktivitäten zur Verifikation dar. Ein System sei demnach korrekt, wenn die formulierten Eigenschaften der Spezifikation nachweisbar sind. Folglich können auch nur solche Eigenschaften überprüft werden, die zuvor formuliert wurden. In Abgrenzung zur Validierung, die eingesetzt werde, um ein Produkt hinsichtlich der Erwartungen des Kunden zu prüfen, kontrolliere die Verifikation, ob ein Verfahrensschritt korrekt erfolgte. Folglich beziehe sie sich nicht auf das fertige Produkt, sondern die Zwischenergebnisse. Ludewig und Lichter (2013) verdeutlichen dies anhand eines Beispiels: die Verifikation in der Implementierung einer Klasse werde durchgeführt, indem sie mit den Programmierrichtlinien und den Entwurfsbeschreibungen verglichen wird. Ist der Vergleich statthaft, so wäre das Zwischenergebnis verifiziert (Ludewig und Lichter 2013: S. 277). Welche Methoden zur Verifikation können nun im Einzelnen angewandt werden? Lunkeit und Zimmer (2021) heben in ihrer Arbeit drei wesentliche Methoden hervor: Code Reviews, Modellprüfungen und die symbolische Programmausführung.

1. Code Reviews: Um zu überprüfen, ob das erstellte Zwischenergebnis im Sinne der Spezifikation richtig erstellt wurde, werden Techniken des Code Reviews angewandt. Sie kommen zum Einsatz, nachdem eine Softwareeinheit kompiliert und damit die Syntaxfehler entfernt wurden. Entsprechend diene der Code Review nicht dem Prüfen der Syntax, sondern ziele auf Fehler der Logik, der Algorithmen sowie des Programmierens ab. Analog zu den im Modul Qualitätssicherung im Softwareprozess unter analytischen Maßnahmen und dort als statische Verfahren vorgestellten Methoden, werden Code Reviews unterschieden in Inspektionen und Walkthroughs (IU 2021a: S.55). Auch Ludewig und Lichter (2013) nehmen diese Unterteilung vor und führen die genannten sowie zusätzlich die Durchsicht unter dem Begriff der „nichtmechanischen Prüfung" beziehungsweise der „Prüfung ohne Rechner" (Ludewig und Lichter 2013: S.279). Im Falle des Walkthroughs erhalten Mitglieder des Entwicklerteams oder externe Begutachter den Programmcode einige Tage vor der gemeinsamen Besprechung, sodass sie Testfälle auswählen und die Codeausführung simulieren können. Um zu prüfen, ob das Verhalten und das gelieferte Ergebnis auch tatsächlich korrekt sind, müsse deren Erklärung zur Verfügung stehen; in der Regel sei dies die Spezifikation. Selbstverständlich ist es für diese erforderlich, dass sie gültig ist und die Anforderungen der Benutzer folglich erfasst wurden. Das Ziel des Walkthroughs ist es, die Richtigkeit des Programms zu überprüfen. Dazu müsse zum einen sichergestellt werden, dass es bei einer Menge von Eingabedaten beendet und zum anderen, dass für jede gültige Ein- auch eine gültige Ausgabe erfolgt. Das Ergebnis könne positiv (das Programm ist korrekt), negativ (das Programm ist nicht korrekt) oder uneindeutig sein. (Lunkeit und Zimmer 2021: S.329). Ergänzend dazu führen Ludewig und Lichter (2013) die Vorteile des Walkthroughs auf. Er ermögliche einen Review mit vergleichsweise wenig Aufwand, der auch durchgeführt werden könne, wenn nur wenige Entwickler zur Verfügung stünden, die in der Lage sind, fremde Programme durchzusehen. Andererseits sei der Walkthrough weniger effizient und die Nach-

arbeit werde nicht kontrolliert. Er empfehle sich daher für Programme, an die weniger hohe Anforderungen gestellt werden beziehungsweise Restfehler akzeptiert werden können (Ludewig und Lichter 2013: S.293). Als weitere Methode wird die Inspektion eingeführt. Analog zum Walkthrough werden mehrere Begutachter herangezogen, die Prüfung dabei jedoch strukturierter durchgeführt. Sie komme bei wichtigen Prüflingen zum Einsatz, da ihre Durchführung sowie die Ergebnisse ausführlich protokolliert werden müssen. Der Aufwand einer Inspektion sei daher auch, verglichen mit dem Walkthrough, deutlich höher. Das maßgebliche Ziel sei dabei, den Programmcode auf häufige Programmierfehler und die Einhaltung von Standards zu überprüfen. Positive Nebeneffekte seien dabei, dass der Programmierer eine direkte Rückmeldung seitens der Gutachter erhalte und diese wiederum von den identifizierten Fehlern und deren Vermeidung profitieren. Ein häufiger Programmierfehler und in Bezug auf die Sicherheitsschulden zu erwähnen sei die Einbindung unnötiger Bibliotheken. Dies könne zunächst harmlos sein und lediglich Speicherplatz der Ausführungsumgebung belegen. Gelänge es einem Angreifen hingegen, die Bibliothek zu korrumpieren, könne ein Programmierfehler in der Folge die weitere Ausbreitung von Schadsoftware ermöglichen (Lunkeit und Zimmer 2021: S.330).

2. Modellprüfungen: Diese Verifikationsmethode basiere auf dem Simulieren eines realen Systems, ohne dieses tatsächlich auszuführen. Grundlage dafür bilde ein formales, mathematisches Modell des echten Systems, weshalb die Methoden auch als „formale Methoden" bezeichnet werden. Das Ziel der Modellprüfung sei das Beurteilen eines informationstechnischen Systems hinsichtlich seiner Eigenschaften und Funktionen. Bedeutend seien die formalen Methoden für die Evaluierung sicherheitskritischer Komponenten im Zuge des Aufkommens internationaler Sicherheitsstandards wie der später behandelten Common Criteria. Die Modellprüfung stelle heute eine gereifte Technik zur Verifikation solcher Systeme dar, die beständig auf ihre Umwelt reagieren und komme beispielsweise zur Überprüfung von Software im Bereich des Verkehrs, der Raumfahrt und bei Mikroprozessoren zum Einsatz. In der IT-Sicherheit konnten Protokolle mit Hilfe von Modellprüfungen untersucht und Sicherheitslücken identifiziert werden. Obwohl ihre Anwendung Softwareentwickler hinsichtlich der mathematischen Kenntnisse vor eine Herausforderung stellen würde, böte sich die Modellprüfung an, wenn Sicherheit und Datenschutz eine hohe Bedeutung beigemessen werde. (Lunkeit und Zimmer 2021: S.340)

3. Symbolische Programmausführung: Diese Verifikationsmethode basiert auf der Idee, ein Programm mit symbolischen Eingaben auszuführen anstelle mehrerer definierter Eingabeparameter. Die symbolische Ausführung verfolge anschließend verschiedene Programmpfade und stoppe die Analyse für einen Pfad erst, wenn keine Eingaben zur Fortführung der Verzweigungen eines Pfades generiert werden können. Werden die Testeingaben so generiert, dass sie Fehler auslösen, könne die symbolische Programmausführung zum Auffinden von Softwarefehlern verwendet werden. Weiterhin sei sie geeignet, um sogenannte Komplexitäts-Schwachstellen aufzuzeigen, die Sicherheitslücken darstellen können, beispielsweise durch das Zulassen von Denial-of-Service-Angriffen, die

große Mengen an Zeit und Speicher beanspruchen und die Verfügbarkeit gefährden. (Lunkeit und Zimmer 2021: S. 342)

Zusammenfassend wurde dargestellt, dass die Verifikation als Prüfungsmethode eingesetzt wird, um auf Basis eines Spezifikationsdokuments festzustellen, ob ein Artefakt korrekt erstellt und die Funktionalität aufweist, die ihm zugewiesen wurde. Aussagen zum fertigen Produkt hingegen können unter Verwendung der Verifikation nicht getroffen werden. Dies erfolgt im Rahmen der Validierung, die im Folgenden skizziert wird.

### 2.3.2    Validierung Definition und Durchführung

Die Leitfrage der Validierung ziele ab auf die Eignung eines Softwareprodukts für seinen Einsatzzweck beziehungsweise, ob das Ergebnis des Softwareentwicklungsprozesses den Anforderungen des Kunden entspreche. Die Validierung umfasse demnach die Aktivitäten, um für ein Produkt die ursprünglich geplanten Funktionen und Eigenschaften zu überprüfen. Etabliert haben sich zu diesem Zweck Softwaretests als hauptsächliche Methode der Validierung, mit deren Hilfe ein Abgleich von Ist- und Sollverhalten erfolge. Wie auch für die Verifikation, bedinge ein Vergleich, dass ein Spezifikationsdokument vorliegt, denn Abweichungen oder Übereinstimmungen der Funktionen können nur ermittelt werden, wenn zuvor die intendierten Eigenschaften definiert wurden. Da alle Folgeaktivitäten des Softwareengineerings auf der Spezifikation aufbauen, sei sie als erstes zu validieren. Dies schließe die Spezifikation von Sicherheitseigenschaften ein und stelle sicher, dass die Anforderungen vollständig sind und den Erwartungen der Stakeholder entsprechen. Für die konkrete Prüfung könne eine Stichprobe von Szenarien als Use Cases oder Ablaufdiagramme bestimmt oder die Vollständigkeit, Konsistenz und Freiheit von Redundanz der Eigenschaften ermittelt werden. Unbedingt gefordert sei dabei, dass die spezifizierten Sicherheitsanforderungen hinreichend sind. (Lunkeit und Zimmer 2021: S.343-344) Auch das Design der Software könne validiert werden. Dies erfolge in der Regel in Gruppensitzungen der Entwickler und externer Experten anhand von Standards und Designmustern. Dabei erweise sich das Einbeziehen von Benutzern der Software als sinnvoll. Zur Darstellung des Designs werde in der Regel auf Modelle der UML zurückgegriffen, die eine Prüfung hinsichtlich der Frage ermöglichen, welche Anforderungen durch welche Designkomponenten erfüllt werden. Dies erweise sich als besonders wichtig im Kontext der Sicherheitsanforderungen: zusätzlich zur Zuordnung der Komponenten zu den Anforderungen könne so überprüft werden, welchen Bedrohungen diese Komponenten ausgesetzt werden und, welche Sicherheitsschulden im Zuge dessen akkumuliert werden könnten. Wie bereits skizziert, werde eine Softwareprodukt meist durch das Testen validiert, um die Eigenschaften zu bewerten. Dazu werde ein Datensatz erzeugt, der repräsentativ die möglichen Eingabedaten widerspiegelt und die erzeugten Ausgaben mit der Menge der erwarteten Ergebnisse verglichen. Dabei könne der überwiegende Teil des Wertebereichs nicht überprüft werden, weshalb vollständiges Testen nicht praktikabel sei. Weiterhin belastend im Diskurs sei, dass das Testen zunächst keine Fehler behebe, das Produkt also nicht verbessert würde. Nachweisbar sei außerdem lediglich die Existenz von Fehlern und nicht deren Abwesenheit. (Lunkeit und Zimmer 2021: S. 347, 348) Im Rahmen der Testaktivitäten und in Bezug auf die Sicherheits-schulden von besonderem Interesse sind die Sicherheitstests. Sie ermöglichen das Validieren des Produkts hinsichtlich der intendierten Sicherheitseigenschaften sowie -mechanismen. Tian-Yang et al. (2010) stellen in ihrer Arbeit die grundsätzliche Einteilung der Testmethoden sowie deren Definition dar. Weiterhin untersuchten sie deren Vor- und Nachteile, Anwendungsbereiche und gängige Fehler beim Testvorgang. Die Softwaresicherheit als zu untersuchende Eigenschaft sei demnach die Fähigkeit der Software, die benötigten Funktionen zur Abwehr eines Angriffs zur Verfügung zu stellen. Das Testen der Softwaresicherheit diene also der Validierung, ob die Implementierung mit dem Design übereinstimme und adressiere das zunehmende Bewusstsein für diese Softwareeigenschaft. (Tian-Yang et al. 2010: S. 647) Die Klassifizierung der Testverfahren unterteile diese in funktionale Sicherheitstests („security functional testing") sowie Tests auf Sicherheitslücken („security vulnerability testing") (ebenda: S.647). Im ersten Fall werde ermittelt, ob die Sicherheitsfunktionen gemäß der zugrunde liegenden Sicherheitsanforderungen implementiert sind. Dies sei im Wesentlichen die Gewährleistung der Schutzziele Vertraulichkeit, Integrität, Verfügbarkeit sowie Authentifizierung, Autorisierung, Zugriffskontrolle und Schutz der Privatsphäre. Das Testen auf Sicherheitslücken erfolge aus der Perspektive eines potentiellen Angreifers und könne so Schwachstellen des Systems aufzeigen. (Tian-Yang et al. 2010: S.647) Die beschriebene Methodik der funktionalen Sicherheitstest findet sich auch in den Common Criteria for Information Technology Security Evaluation (CC) wieder, die im folgenden Kapitel behandelt werden.

## 2.4    Common Criteria ISO/IEC 15408

Die Bedeutung der Verifizierung und Validierung für das Überprüfen der Softwarekomponenten und -endprodukte zur Reduzierung der Sicherheitsschulden konnte skizziert werden. Um unter anderem die Sicherheitsanforderungen und die Ergebnisse ihrer Umsetzung in Softwareprodukte vergleichen zu können, wurde 2006 von der Staatengemeinschaf die Common Criteria Version 3.1 im Common Criteria Anerkennungsabkommen verabschiedet. Diese sind als internationaler Standard ISO/IEC 15408 festgelegt und dienen der „Bewertung der Sicherheit von Informationstechnik". (BSI 2022) Dadurch werde es möglich, unabhängige Sicherheitsbewertungen vergleichbar zu machen und für Zertifizierungen zu nutzen. Die Common Criteria stellen dazu eine gemeinsame Sammlung von Anforderungen an die funktionale Sicherheit von IT-Produkten sowie vereinheitlichte Sicherheitsmessungen bereit. So könne für einen Prüfling ein Maß an Vertrauen für die Einhaltung dieser Standards festgelegt werden. Potentiellen Endnutzern diene diese vergleichbare Überprüfung als Entscheidungshilfe in Hinblick auf ihre Sicherheitsbedürfnisse. Zu beachten sei dabei, dass die Sicherheitsbewertungen nur Gültigkeit hätten, wenn anerkannte Sicherheitsanforderungen, Bewertungsmethoden und ausgewählte zu untersuchende IT-Produkte im Zuge der Evaluation eingesetzt wurden.

(CCMB 2017a[1]: S.11) Die Methodik der Common Criteria baue dabei auf dem Prinzip der Schutzprofile („protection profiles", kurz: PP) auf, die als formales Dokument Sicherheitsziele sowie -anforderungen für ein informationstechnisches Produkt beschreiben. Dies stelle die jeweiligen Anforderungen aus Sicht der Kunden dar. Seitens der Hersteller gebe es eine Antwort auf die Schutzprofile – die „Security Targets" (ST). Dieses Dokument stelle die Grundlage dar für die Entwicklung des zu prüfenden Produkts, sodass der Zusammenhang sich wie folgt darstelle: die Schutzprofile dienen zur Spezifikation der Sicherheitsanforderungen und -funktionen. Das Security Target beschreibe hingegen ein Design, das diese Anforderungen durch Sicherheitsmechanismen abdecke. Die Implementierung dieses Designs wiederum stelle die Grundlage der Bewertung dar. Im Englischen wird der Begriff der Evaluation verwendet, sodass dieses zu bewertende Objekt als „Target of Evaluation" oder kurz „ToE" bezeichnet wird (CCMB 2017b: S.18). Diese Evaluation erfolge gegen die in den Schutzprofilen beschriebenen Sicherheitsziele, die als funktionale Sicherheitsanforderung modelliert sind. Dadurch können die Ziele technologieunabhängig abstrahiert werden. Somit stellen sie die Gegenmaßnahmen für die Bedrohungen dar. Die Frage, ob die Hersteller auf Basis der Evaluation Maßnahmen für die funktionalen Sicherheitseigenschaften umsetzen, sei dabei von zentraler Bedeutung (Lunkeit und Zimmer 2021: S. 371)

Im Kontext der Sicherheitsschulden näher zu betrachten ist das genannte Maß an Vertrauen, das durch die „Evaluation Assurance Level" (EAL) beschrieben wird. Diese Level beschreiben „Stufen der Vertrauenswürdigkeit" (BSI 2022) in Sicherheitsleistungen. In ihnen werde definiert, welche Anforderungen für eine Sicherheitsbewertung gelten, wobei diese mit höherer EAL-Stufe ansteigen. Der Umfang einer Stufe sei dabei immer in der nächsthöheren inbegriffen; sie bauen also modular aufeinander auf. So könne durch die Bewertung auf Basis der Common Criteria zertifiziert werden, dass das geprüfte Produkt die angegebenen funktionalen Sicherheitseigenschaften aufweise. Weiterhin sei die Schwachstellenanalyse im Rahmen der Bewertung ein wesentliches Prüfziel, da Schwachstellen die Sicherheitsleistung des Systems gegebenenfalls unwirksam machen können (BSI 2022). Weil die Sicherheitsbewertung vor Allem eine Momentaufnahme sei und keinen Beitrag zur Konstruktion liefere (Lunkeit und Zimmer 2021: S. 372), werde zur Verringerung der Sicherheitsschulden eine Anpassung auf Basis der Bewertung benötigt. Wie in Kapitel 1 und 2 skizziert und von Cunningham (1992) abstrahiert beschrieben, sind die Sicherheitsschulden möglichst zeitnah nach der Fertigstellung durch Anpassung zu beheben. An dieser Stelle können die Bewertungen durch die Common Criteria mit der modularen Prüftiefe und -umfang eine sinnvolle Methodik zur Verfügung stellen, die zudem durch die internationale Anerkennung eine Zertifizierung erlauben.

---

[1] Zur Unterscheidung der Bände der Common Criteria for Information Technology Security Evaluation werden diese in der Zitation mit den Buchstaben a und b ergänzt

# 3. Zusammenfassung

Die zunehmende Komplexität und der Grad der Vernetzung von IT-Geräten ermöglicht ein breites Spektrum von Angriffsformen auf eine Vielzahl potentieller Schwachstellen informationstechnischer Komponenten und Strukturen. Der Sorgfalt im Ermitteln, Spezifizieren, Designen und Implementieren von Sicherheitsanforderungen wird daher eine hohe Bedeutung beigemessen. Trotz der Tragweite dieses Aspektes der Softwareentwicklung, befindet diese sich im Spannungsfeld von kurzsichtigem Entwicklungs- oder Kostendruck und nachhaltiger Implementierung. Die dabei entstehenden Sicherheitsschulden können als nicht aufgearbeitete Schwachstellen im System definiert werden, die sich akkumulieren, je länger sie fortbestehen. Es konnte skizziert werden, wie diese Sicherheitsschulden entstehen. Dass die Methoden der Verifikation und Validierung dazu dienen, die Softwarekomponenten beziehungsweise Endprodukte hinsichtlich zweier Leitfragen zu überprüfen: einerseits, ob die Anforderungen der Spezifikation auch korrekt implementiert wurden (Verifikation) und andererseits, ob das erstellte Produkt den Erwartungen der Kunden entspricht, es also die ursprünglich geplanten Funktionen und Eigenschaften vorweist (Validierung). In diesem Zusammenhang wurde weiterhin die Bedeutung der Sicherheitstests gezeigt: funktionale Sicherheitstests dienten demnach der Überprüfung, ob die Sicherheitsfunktionen gemäß der Sicherheitsanforderungen implementiert wurden. Das Testen auf Schwachstellen betrachte das System außerdem aus der Sicht des Angreifers und ermöglicht das Identifizieren von Sicherheitslücken. Mit den gemeinsamen Kriterien zur Prüfung der Sicherheit in der Informationstechnik, den Common Criteria, wurde eine Methode vorgestellt, um die funktionale Sicherheit von IT-Produkten zu bewerten und international vergleichbar zu machen. Dazu werden auf Basis von Schutzprofilen spezifische Sicherheitsziele durch Bedrohungsszenarien evaluiert. Funktionale Sicherheitsanforderungen repräsentieren dabei die Sicherheitsziele technologieunabhängig und stellen die Gegenmaßnahmen zu den Bedrohungen dar. Die Sicherheitsbewertungen werden in verschiedene Stufen eingeteilt, die das Maß an Vertrauenswürdigkeit der Sicherheitsleistungen eines IT-Produktes sowie die Prüftiefe widerspiegeln. Die Evaluierung auf Grundlage der Common Criteria ermöglicht schließlich das Umsetzen von Maßnahmen zur Behebung von Schwachstellen und dadurch das Reduzieren von Sicherheitsschulden seitens der Hersteller.

# III. Literaturverzeichnis

**Boehm**, B.W. (1979): Guidelines for verifying and validating software requirements and design specifications. EURO IFIP 79, 711-719, Elsevier North-Holland, New York, NY.

**Bundesamt für Sicherheit in der Informationstechnik (BSI)** (2022): Gemeinsame Kriterien für die Prüfung und Bewertung der Sicherheit von Informationstechnik. CC Version 3.1. (URL: https://www.bsi.bund.de/DE/Themen/Unternehmen-und-Organisationen/Standards-und-Zertifizierung/Zertifizierung-und-Anerkennung/Zertifizierung-von-Produkten/Zertifizierung-nach-CC/IT-Sicherheiskriterien/CommonCriteria/commoncriteria_node.html [letzter Zugriff 25.04.2022])

**Bundesministerium der Justiz** (2022): Handelsgesetzbuch. Bundesrepublik Deutschland, vertreten durch den Bundesminister der Justiz, Mohrenstraße 37, 10117 Berlin. (URL: http://www.gesetze-im-internet.de/hgb/ [letzter Zugriff 24.04.2022])

**Common Criteria Management Board (CCMB)** (2017a): Common Criteria for Information Technology Secruity Evaluation. Part 1: Introduction and general model. Version 3.1, Revision 5. April 2017.

**Common Criteria Management Board (CCMB)** (2017b): Common Criteria for Information Technology Secruity Evaluation. Part 2: Security functional components. Version 3.1, Revision 5. April 2017

**Cunningham**, W. (1992): Experience Report – The WyCash Portfolio Management System. Addendum to the Proceedings. OOPSLA'92. Vancouver, British Columbia, Canada 5 - 10 October 1992 (URL: https://dl.acm.org/doi/pdf/10.1145/157710.157715 [letzter Zugriff: 23.04.2022])

**Huopio**, S. (2020): A Quest for Indicators of Security Debt, In: The Cyber Defence Review, Volume 5, Number 1, S. 169-183

**IUBH** (2020): Studienskript Requirements Engineering IREN01. IU Internationale Hochschule GmbH, Juri-Gagarin-Ring 152, D-99084 Erfurt

**IU** (2021a): Studienskript Qualitätssicherung im Softwareprozess. IQSS01. IU Internationale Hochschule GmbH, Juri-Gagarin-Ring 152, D-99084 Erfurt

**IU** (2021b): Studienskript Einführung in Datenschutz und IT-Sicherheit. DLBISIC01. IU Internationale Hochschule GmbH, Juri-Gagarin-Ring 152, D-99084 Erfurt

**Ludewig**, J., Lichter, H. (2013): Software Engineering. Grundlagen, Menschen, Prozesse, Techniken. 3., korrigierte Auflage 2013. dpunkt.verlag GmbH, Ringstraße 19 B, 69115 Heidelberg

**Lunkeit**, A., Zimmer, W. (2021): Security by Design. Security Engineering informationstechnischer Systeme. Springer-Verlag GmbH, Heidelberger Platz 3, 14197 Berlin, Germany.

**Tian-Yang**, G., Yin-Sheng, S., You-Yuan, F. (2010): Research on Software Security Testing. World Academy of Science, Engineering and Technology, (70) 2010, S.647-651

## IV.　　Anhang

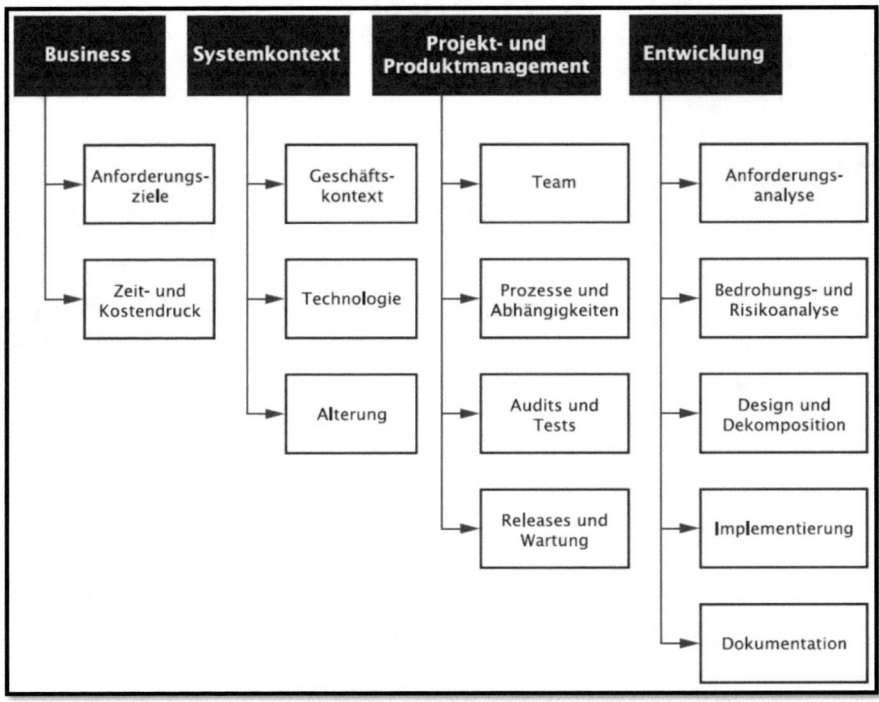

Abbildung 1: Quellen von Sicherheitsschulden (verändert nach Lunkeit und Zimmer 2021: S.306)